A a	E e	I i	O o	U u

Au au	Ei ei	Eu eu		Ö ö	Ü ü	Ä ä

	M m		N n
	L l		Sch sch
	S s		Z z
	R r		Ch ch
	W w		F f
	J j		H h
	B b		P p
	D d		T t
	G g		K k

Lauttabelle

Diese Zeichen findest du:

 spuren, schreiben

 mit der Lauttabelle schreiben

 malen anmalen

 verbinden

 ankreuzen

 einkreisen

 Silben schwingen

 ausschneiden, kleben

 sprechen

 betrachten

 genau hören

 Partnerarbeit

Piktogramme/Schrift benennen und in Alltagssituationen wiederfinden/verbinden; Erzählanlass

Visuelle Wahrnehmung

Phonologische Bewusstheit

A a	E e	I i	O o	U u

Au au	Ei ei	Eu eu		Ö ö	Ü ü	Ä ä

	M m		N n
	L l		Sch sch
	S s		Z z
	R r		Ch ch
	W w		F f
	J j		H h
	B b		P p
	D d		T t
	G g		K k

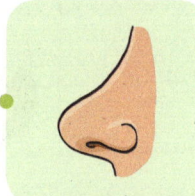

Anlautbilder benennen; Anlautbilder mit der Lauttabelle verbinden

Wellen-, Zickzacklinien und Schleifen mit Buntstiften mehrfach in der Schreibrichtung nachspuren/fortsetzen

Graphomotorik

5

Visuelle Wahrnehmung

Piktogramm/Schrift benennen und in Alltagssituation wiederfinden/einkreisen; Erzählanlass

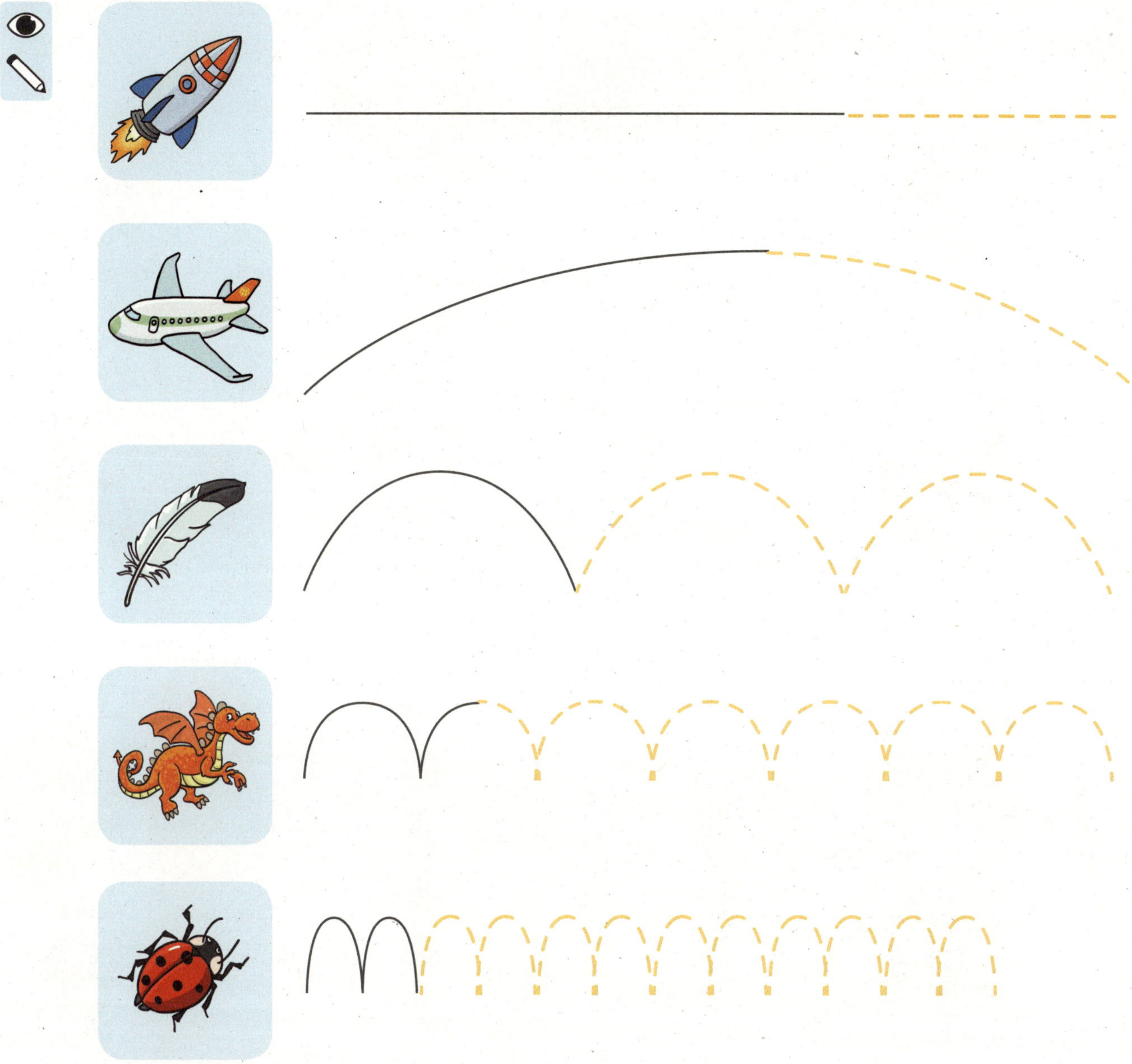

Graphomotorik

Wellen-, Zickzacklinien und Schleifen mit Buntstiften mehrfach in der Schreibrichtung nachspuren/fortsetzen

7

Phonologische Bewusstheit

A a	E e	I i	O o	U u

Au au	Ei ei	Eu eu	Ö ö	Ü ü	Ä ä

🐭	M m	👃	N n
🦁	L l	✂️	Sch sch
🛋️	S s	🚧	Z z
🚀	R r		Ch ch
☁️	W w	🐟	F f
	J j	👖	H h
🍌	B b	🏴‍☠️	P p
🦖	D d	🍅	T t
🍴	G g		K k

Anlautbilder benennen; Anlautbilder mit der Lauttabelle verbinden

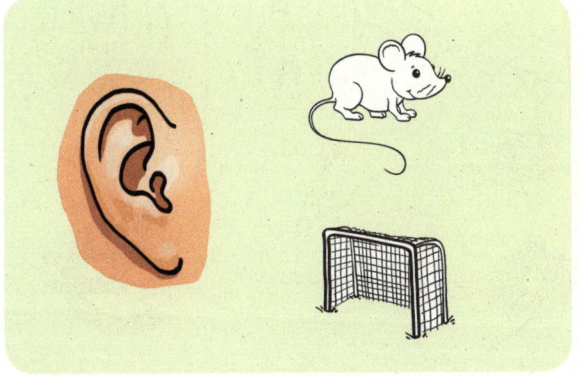

Phonologische Bewusstheit

Bilder benennen; Reimpaare finden und verbinden/ausmalen

Wege durch das Labyrinth mit Buntstiften verfolgen

Bilder benennen; Silben schwingen und Silbenbögen setzen

11

      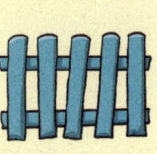

Visuelle Wahrnehmung

Anlautbilder benennen; im Suchbild wiederfinden und ausmalen; Erzählanlass

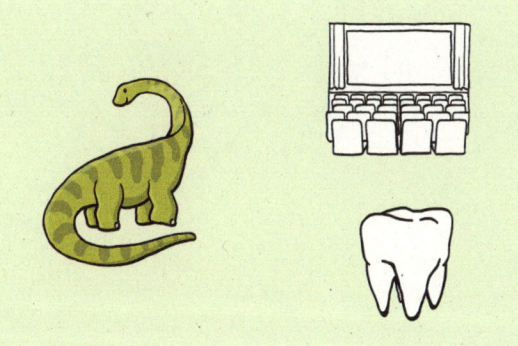

Bilder benennen; Reimpaare finden und verbinden/ausmalen

Phonologische Bewusstheit

13

Visuelle Wahrnehmung

14 Anlautbilder benennen; im Suchbild wiederfinden und ausmalen; Erzählanlass

Wege durch das Labyrinth mit Buntstiften verfolgen

Phonologische Bewusstheit

M 🐭

16 Bilder benennen; Buchstaben und Anlaut- bzw. Mundbild mit den passenden Anlautbildern verbinden/ausmalen

Bilder benennen; Silben schwingen und Silbenbögen setzen

17

  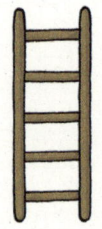 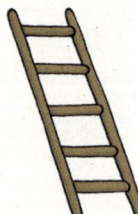 

Visuelle Wahrnehmung

vorgegebenes Bild in der Reihe wiederfinden und einkreisen

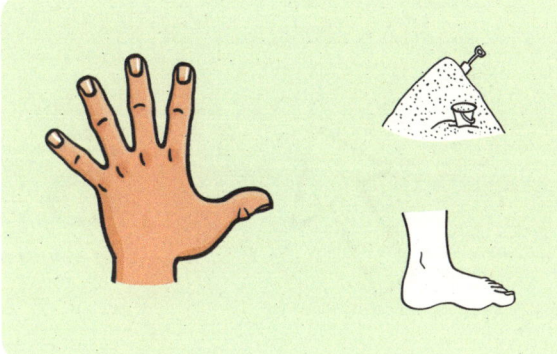

Phonologische Bewusstheit

Bilder benennen; Reimpaare finden und verbinden/ausmalen

Phonologische Bewusstheit

20 Bilder benennen; Buchstaben und Anlaut- bzw. Mundbild mit den passenden Anlautbildern verbinden/ausmalen

acht Unterschiede im Bild finden und einkreisen

21

Phonologische Bewusstheit

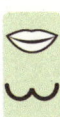

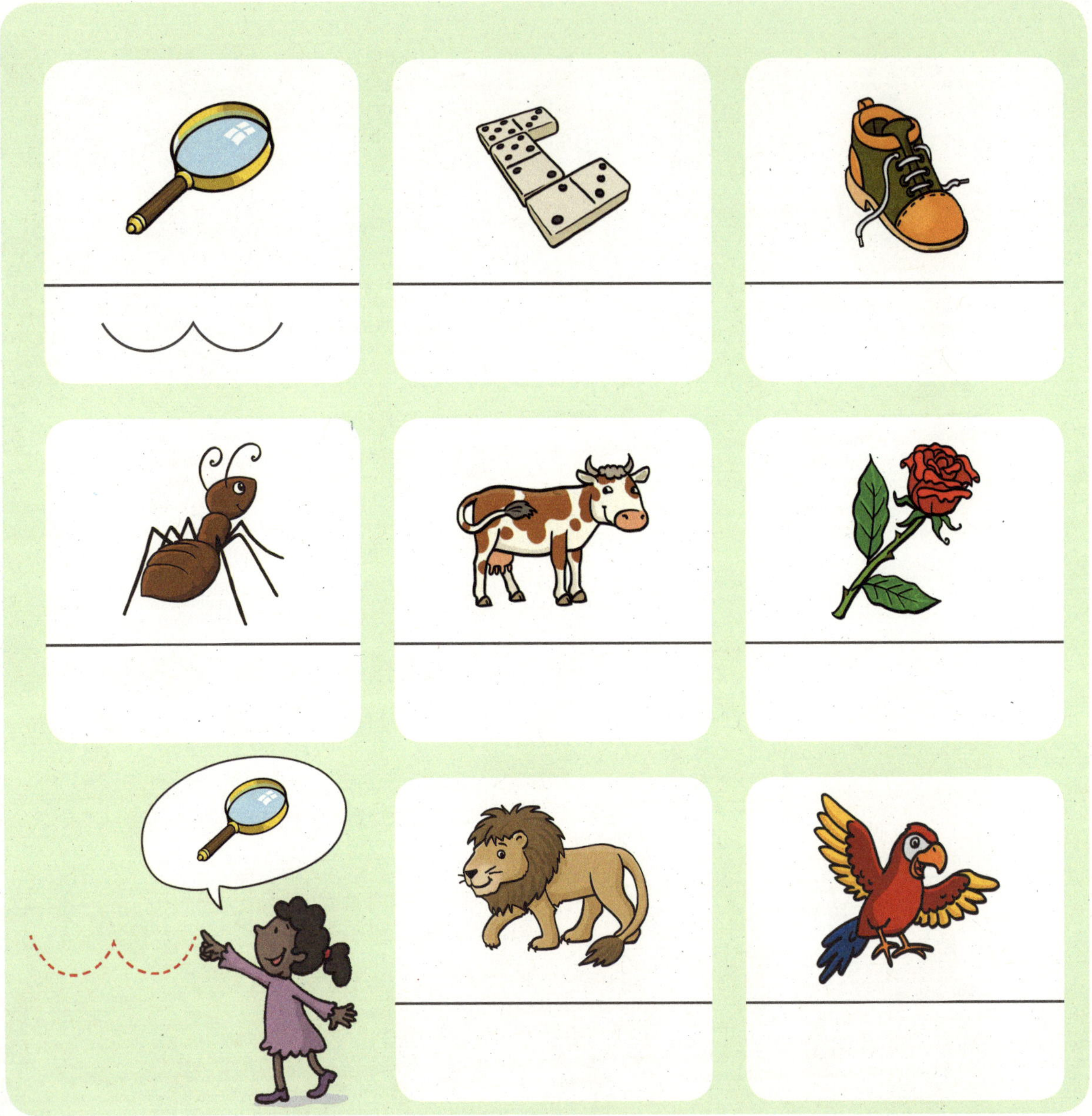

Bilder benennen; Silben schwingen und Silbenbögen setzen

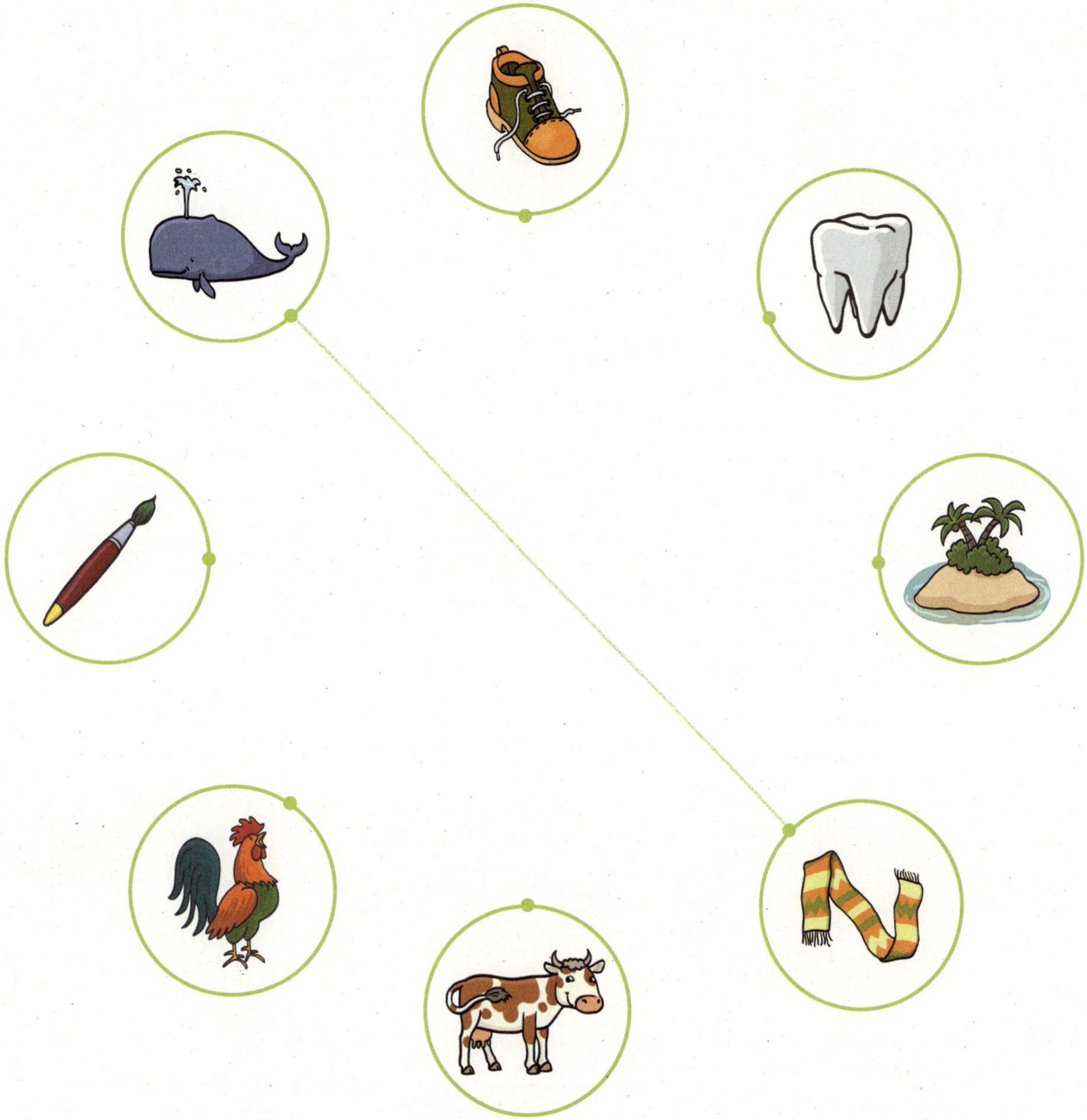

Bilder benennen; Reimpaare finden und verbinden

Phonologische Bewusstheit

Bilder benennen; Buchstaben und Anlaut- bzw. Mundbild mit den passenden Anlautbildern verbinden/ausmalen

Visuelle Wahrnehmung

vorgegebenes Bild in der Reihe wiederfinden und einkreisen

Phonologische Bewusstheit

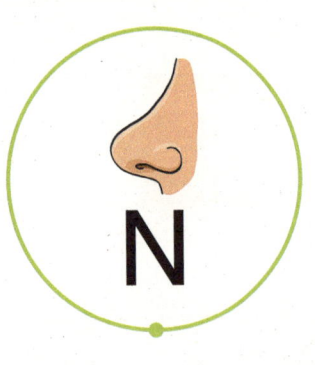

Bilder benennen und überprüfen, welches mit dem vorgegebenen Anlautbild beginnt; gleiche Anlaute verbinden

Bilder benennen; Silben schwingen und Silbenbögen setzen

27

Wege durch das Labyrinth mit Buntstiften verfolgen

Bilder benennen; Reimpaare finden und verbinden

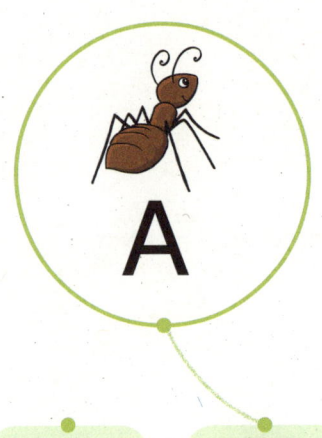

Phonologische Bewusstheit

Bilder benennen und überprüfen, welches mit dem vorgegebenen Anlautbild beginnt; gleiche Anlaute verbinden

   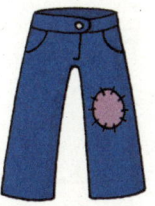 

vorgegebenes Bild in der Reihe wiederfinden und einkreisen

32　Bilder benennen, Silben schwingen und mit der richtigen Silbenanzahl verbinden

neun Fehler im Bild finden und anmalen; Gesprächsanlass

33

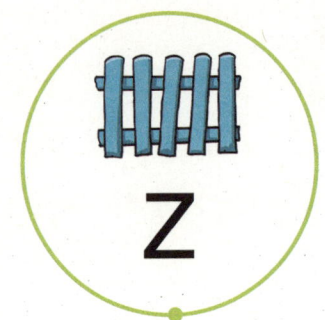

Bilder benennen und überprüfen, welches mit dem vorgegebenen Anlautbild beginnt; gleiche Anlaute verbinden

Reihen fortsetzen

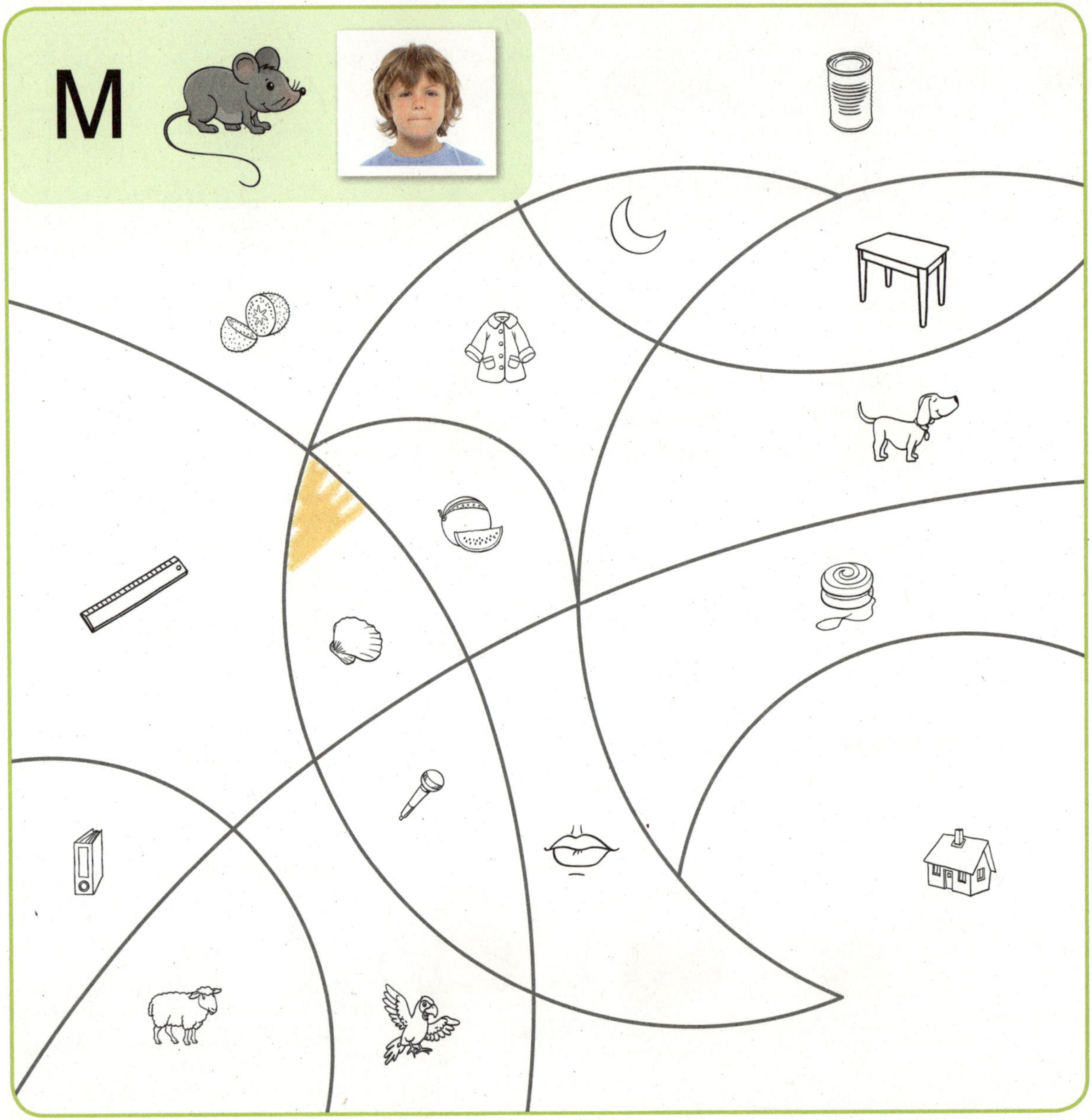

M

Bilder benennen; Felder gelb ausmalen, die ein Wort mit dem Anlaut „M" beinhalten

Bilder benennen; passendes Schattenbild finden und verbinden

38 Bilder benennen, Silben schwingen und mit der richtigen Silbenanzahl verbinden

F

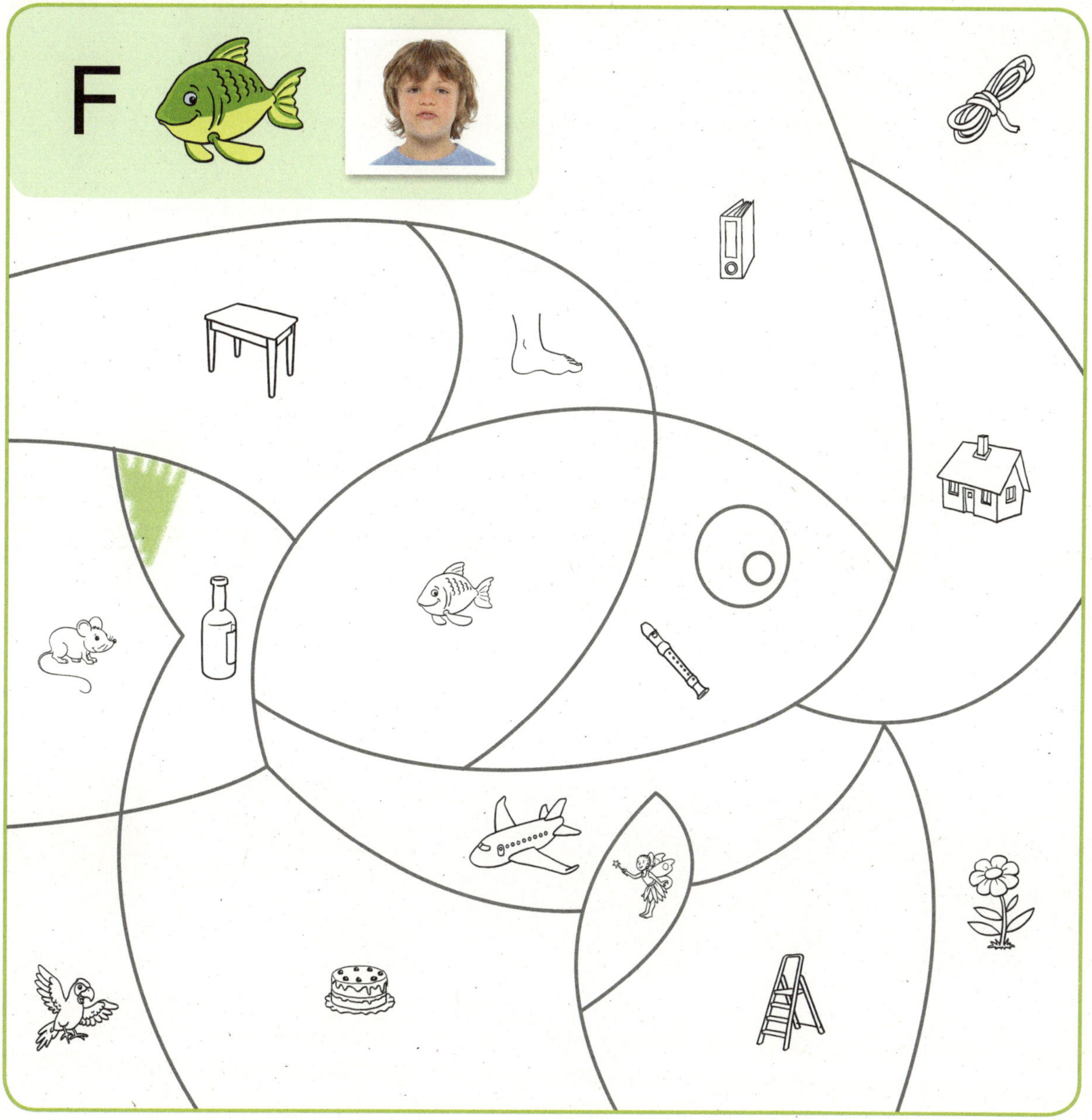

Bilder benennen; Felder grün ausmalen, die ein Wort mit dem Anlaut „F" beinhalten

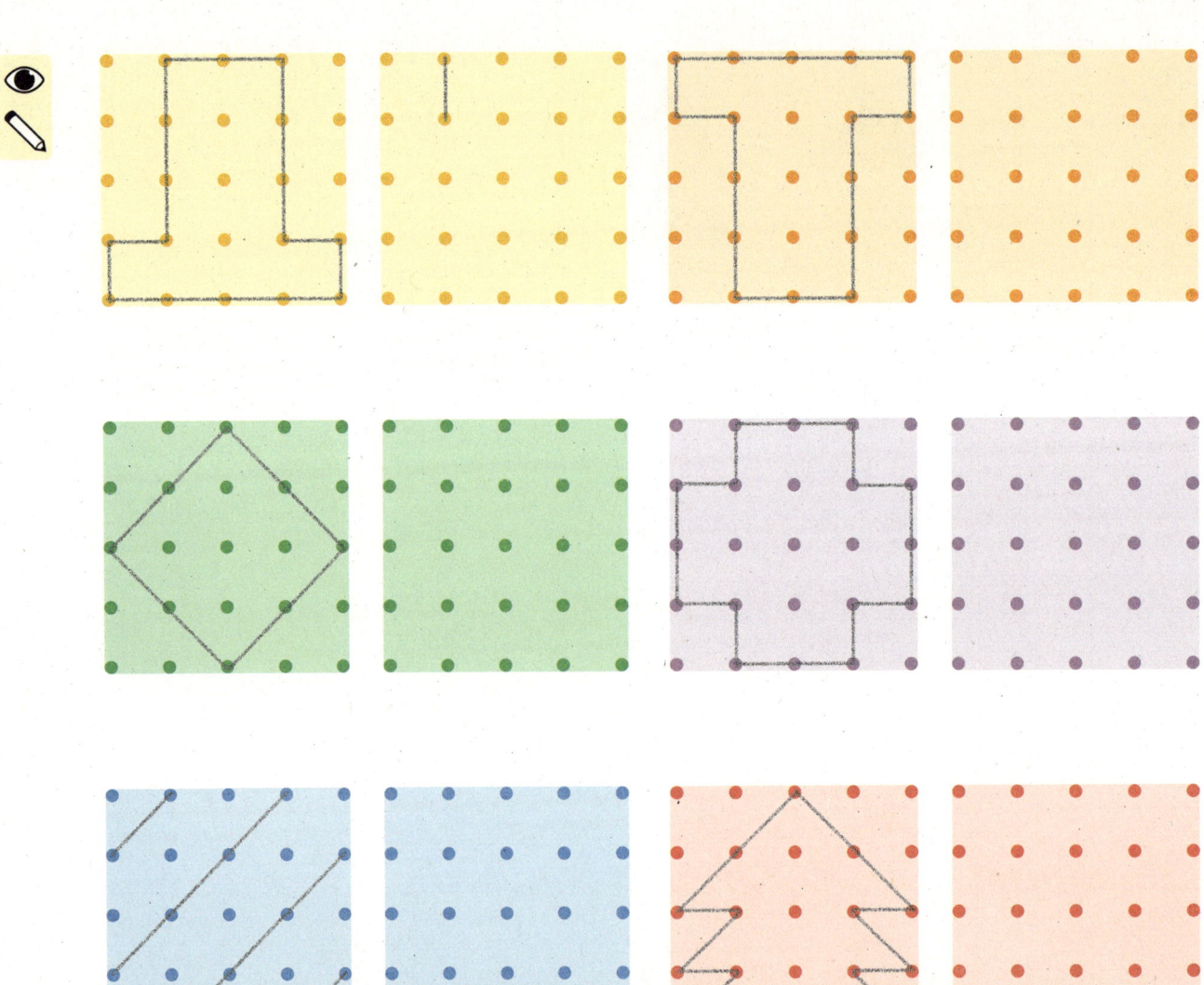

vorgegebenes Muster im Raster nachzeichnen

Einzelbilder von Seite 61 ausschneiden und in logischer Reihenfolge aufkleben

Logisches Denken

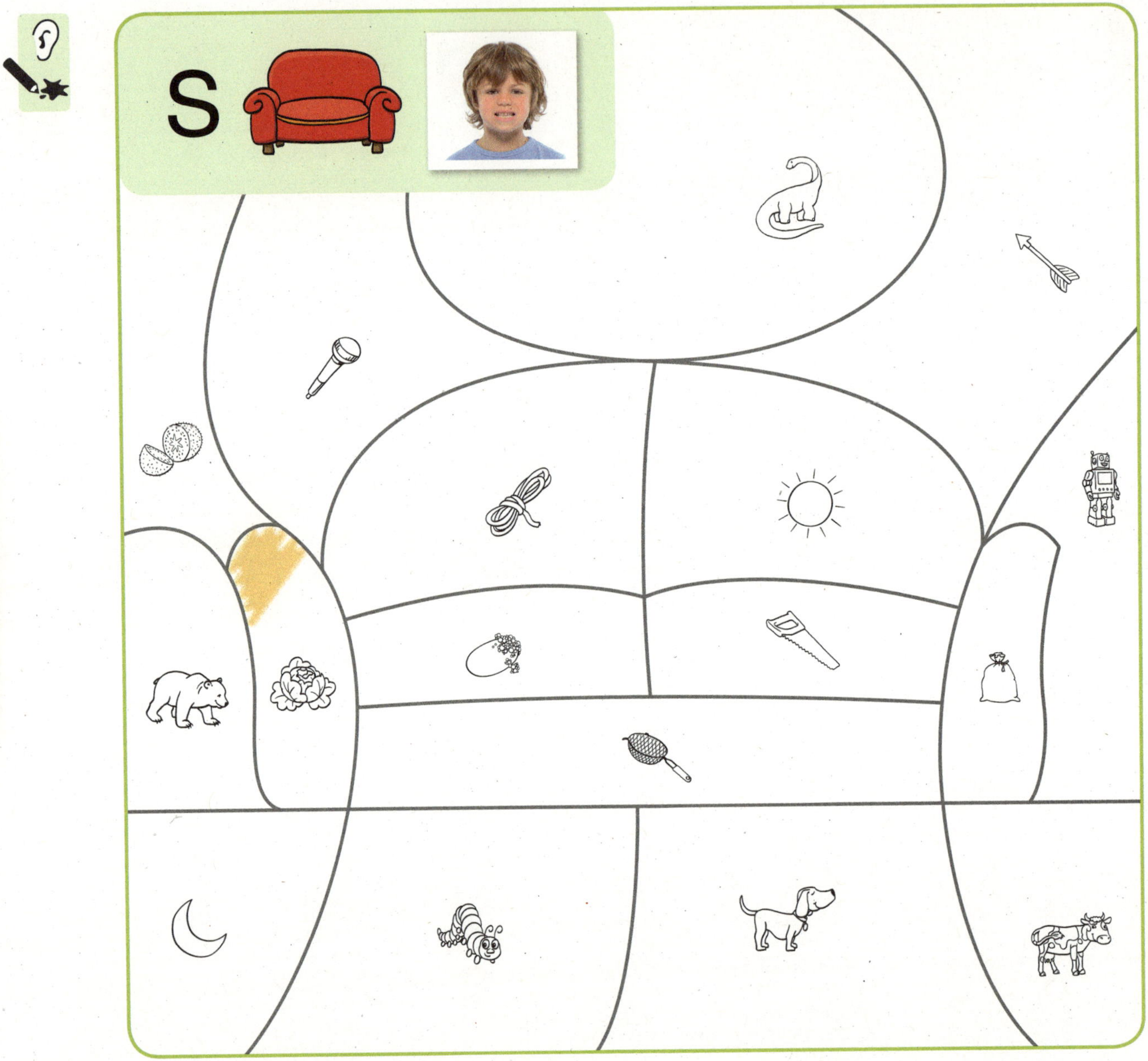

S

Bilder benennen; Felder rot ausmalen, die ein Wort mit dem Anlaut „S" beinhalten

42

L	V	P	T	N	W	Z	N
L	J	M	I	N	N	M	N
L	T	O	J	N	E	N	N
L	L	E	Z	N	V	I	N

E	H	E	H	A	O	I	R
B	H	L	H	T	E	I	J
R	H	H	H	O	P	I	O
L	H	Z	H	U	A	I	U
M	H	T	H	F	T	I	E

alle Felder mit den farbig markierten Buchstaben ausmalen

Visuelle Wahrnehmung

Bilder benennen, Silben schwingen und mit der richtigen Silbenanzahl verbinden

Reihen fortsetzen

Phonologische Bewusstheit

M **F** **L**

Anlautbilder sprechen; Weg durch das Labyrinth finden; Anlautbuchstaben in das Kästchen übertragen

neun Fehler im Bild finden und anmalen; Gesprächsanlass

S

S	S	C	B	C	S	S	S
F	S	O	T	N	S	A	P
G	S	S	S	S	S	E	U

S

M

M	M	N	W	K	M	M	M
G	M	V	M	M	M	H	W
A	M	M	M	X	H	K	I

L

L	L	L	E	W	T	L	L
O	P	L	S	L	L	L	I
I	B	L	L	L	E	F	A

Visuelle Wahrnehmung

48 alle Felder mit den farbig markierten Buchstaben ausmalen

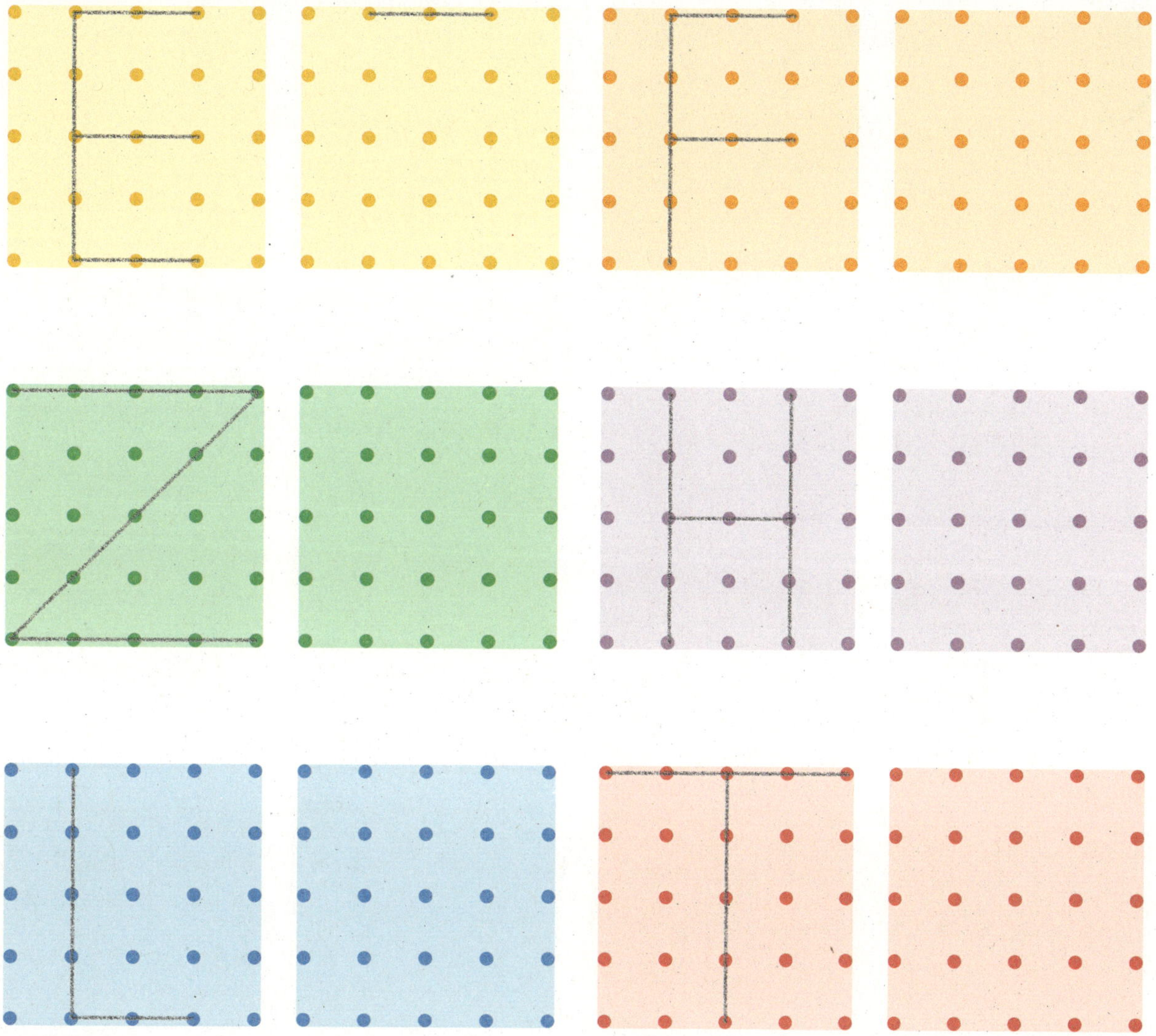

vorgegebenes Muster im Raster nachzeichnen

Visuelle Wahrnehmung

U	G	F
B	R	S
M	W	EU

Buchstaben benennen; entsprechende Bilder in der Lauttabelle finden und abmalen

Bilder benennen; passendes Schattenbild finden und verbinden

K

Anlautbilder benennen; entsprechende Buchstaben in Lauttabelle finden und schreiben

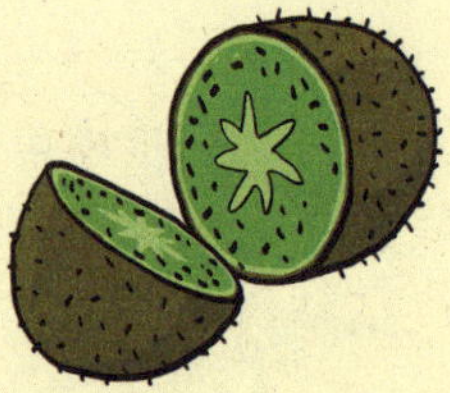

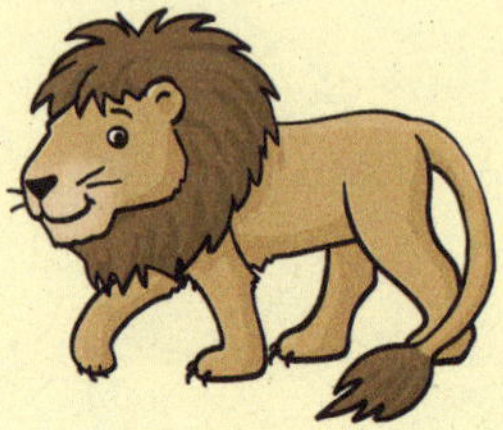

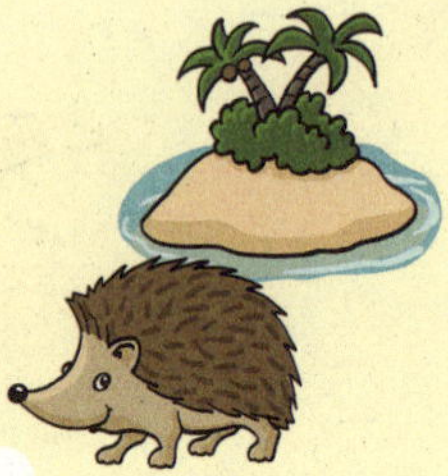

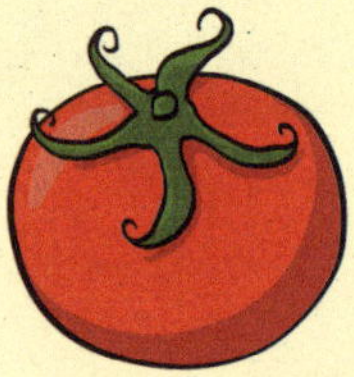

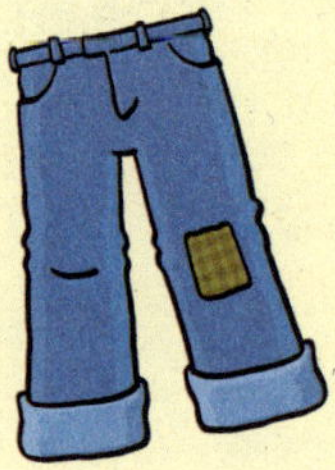

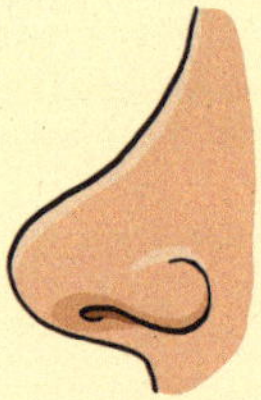

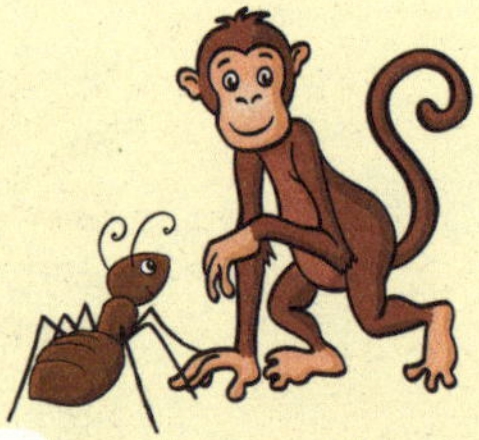

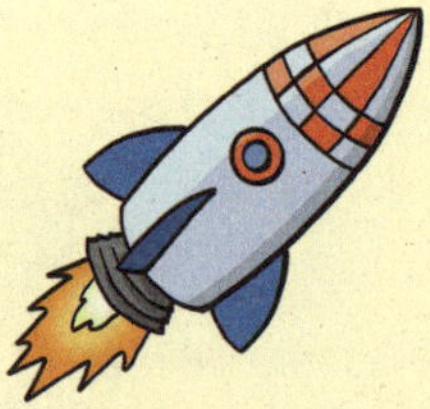

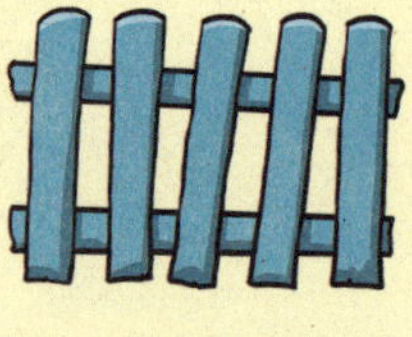

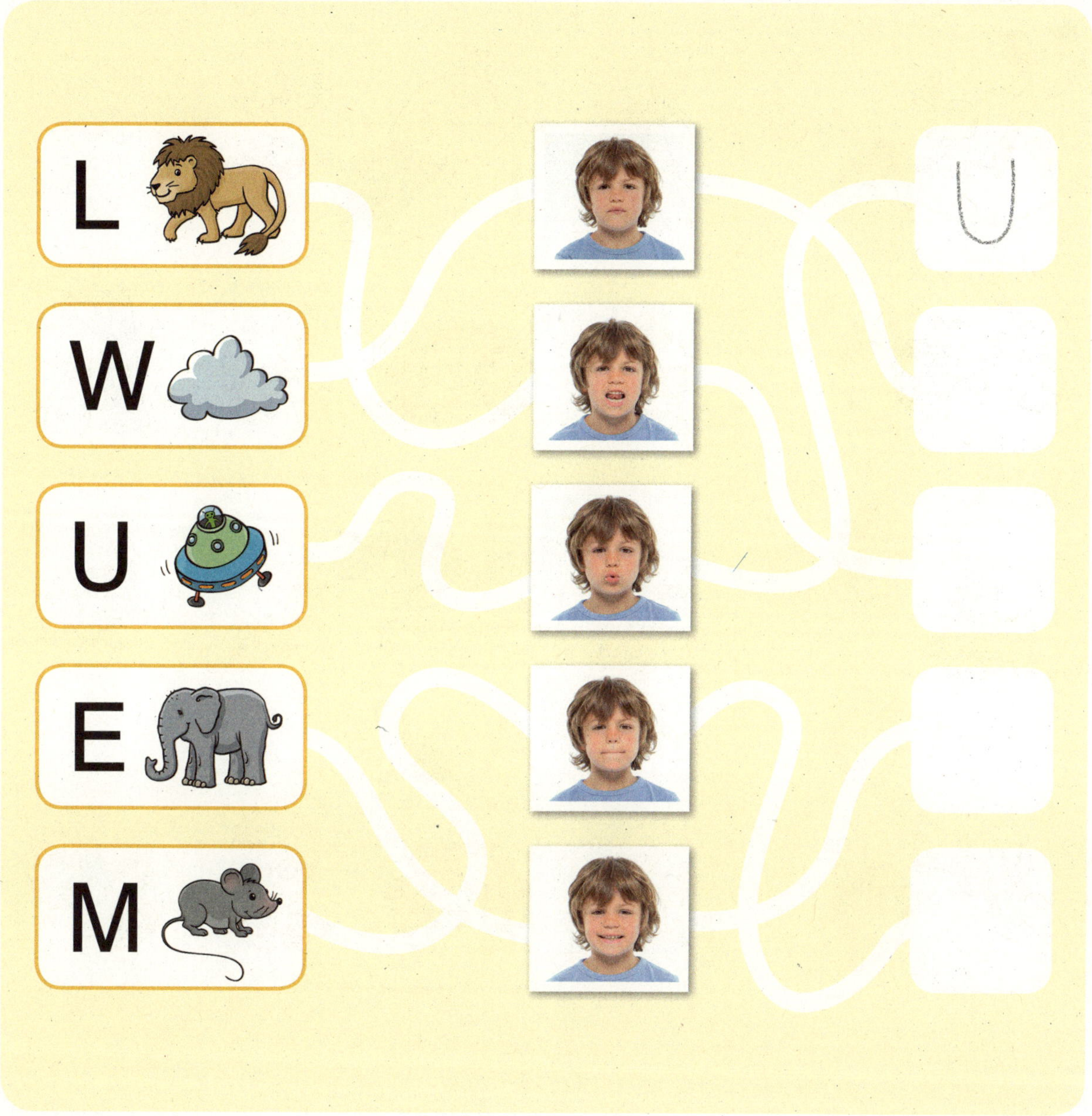

Anlautbilder benennen und mit dem entsprechenden Mundbild verbinden;
fehlende Buchstaben ergänzen

Visuelle Wahrnehmung

53

Visuelle Wahrnehmung

54 Mundbilder benennen und mit dem entsprechenden Anlautbild verbinden; fehlende Buchstaben ergänzen

Einzelbilder von Seite 63 ausschneiden und in logischer Reihenfolge aufkleben

Bilder benennen; passendes Schattenbild finden und verbinden

W

T

A

Anlautbilder sprechen; Weg durch das Labyrinth finden;
Anlautbuchstaben in das Kästchen übertragen

Phonologische Bewusstheit

57

acht Unterschiede im Bild finden und einkreisen

Anlautbilder lesen und mit passendem Bild verbinden

59

Phonologische Bewusstheit

Anlautbilder lesen und mit passendem Bild verbinden

Einzelbilder ausschneiden und in logischer Reihenfolge auf Seite 41 aufkleben

Logisches Denken

61

Einzelbilder ausschneiden und in logischer Reihenfolge auf Seite 55 aufkleben

Logisches Denken

63